TO VAARI

FROM DARLENE, RICKY, STEPHEN, KENNY AND BOBBY.

HAPPY NIDETY-SECOND BIRTHDAY.

(92)

JANUARY 17, 1983

HELSINGFORS

Tuotanto: Production:	Rautakirja Oy
Kuvaukset: Foto:	Dino Sassi ja Henrik de Heij
Teksti: Text:	V. Olavi Mattila
Svensk översättning:	Anu Alaspää
English translation:	Aileen Lehos
Deutsche Übersetzung:	Traute Stude
Kustannus:	RAUTAKIRJA OY

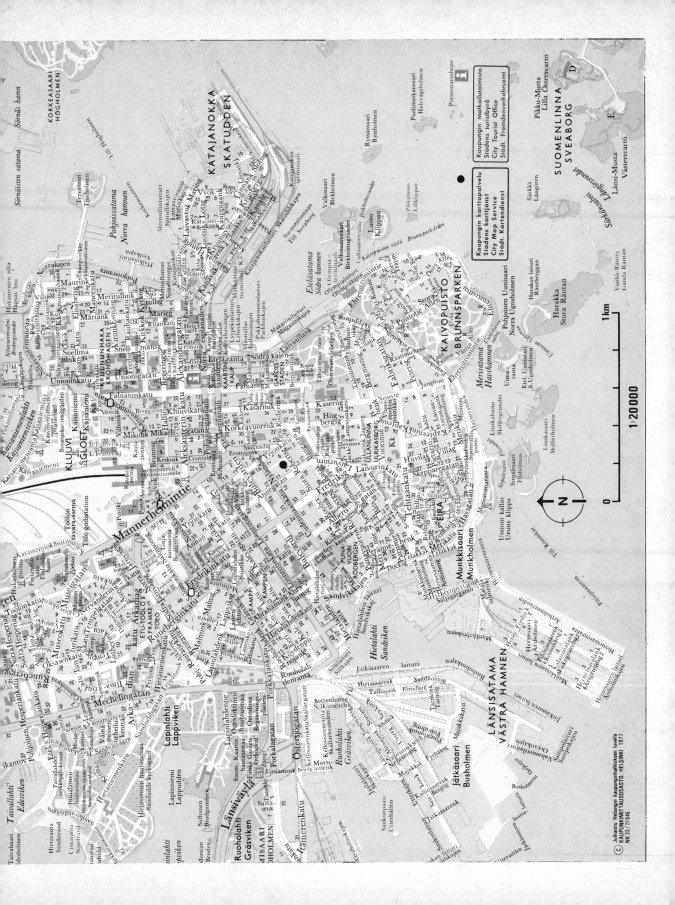

KOKO SUOMEN HELSINKI

Helsinki on Suomen pääkaupunki. Se on on maan suurin kaupunki, hallinnon, kulttuurin ja kaupan keskus eikä teollisuudenkaan osuus ole vallan vähäinen Helsingin elinkeinojen joukossa. Helsinki esiintyy usein koko Suomen etikettinä ja tunnuksena. Pääkaupunki sijaitsee kuitenkin valtakunnan etelälaidalla ja kun on kysymys näinkin suuresta maasta, niin oikeastaan Suomi alkaa vasta Helsingin rajojen ulkopuolelta.

Helsinki perustettiin vuonna 1550 Kustaa Vaasan mahtikäskyllä. Rakentamiseen määrättiin naapurikaupunkien asukkaita ja työmiehiä komennettiin tänne aina Raumalta saakka. Työ ei ollut mieluisaa ja siksipä raumalaiset järjestivät Suomen historian ensimmäisen mielenosoituksen vastustaakseen kohtaloaan. Vain hirttämisen uhka sai miehet tottelevaisiksi ja Helsinki tuli aikanaan kuntoon.

Ensimmäinen Helsinki sijaitsi Vantaanjoen varrella, Helsinginkosken äärellä, kymmenkunta kilometriä nykyisestä kantakaupungista pohjoiseen. Kaupungin kasvu oli kituliasta, sillä tulipalot ja sodat hävittivät sen vähän mitä rakennettiin. Tosin Viaporin linnoitustyöt antoivat vireyttä kaupungin kasvulle, mutta asukasluku oli sittenkin 1700-luvun loppupuolella vajaa 3000 henkeä.

Kun venäläiset valloittivat Helsingin vuonna 1808, niin peräti kolmannes kaupungin taloista tuhoutui sotatoimissa. Noilta ajoilta on enää jäljellä ns. Sederholmin rokokootyylinen talo Senaatintorin etelälaidalla. Se on Helsingin vanhin kivirakennus.

Helsingin kasvu ja kehitys alkoi vuonna 1812. Silloin keisari Aleksanteri I antoi käskykirjeen, jolla Helsinki määrättiin Suomen suuriruhtinaskunnan pääkaupungiksi Turun tilalle. Samalla myönnettiin kaupungin rakentamiseen runsaasti varoja. Asemakaavan suunnitteli Johan Albrecht Ehrenström ja arkkitehdiksi kutsuttiin Carl Ludwig Engel. Hän oli eräs aikakautensa lahjakkaimpia arkkitehtejä ja hänen ansiotaan on empire-Helsinki, joka ehjimpänä on säilynyt Senaatintorin seutuvilla.

Kun arvostelun mittana käytetään Suomen verraten nuorta kaupunkikulttuuria ja otetaan huomioon puun valta-asema entisten aikojen rakennusaineena, niin täydellä syyllä voi väittää, että Helsingissä on paljon rakennuksia, jotka ansaitsevat määrittelyn vanhoiksi ja historiallisesti arvokkaiksi. Esimerkiksi Katajanokan jugendtyyliin rakennettu kaupunginosa on ainutlaatuinen kokonaisuus. Sen taloissa on niin runsaasti erityispiirteitä ja yksityiskohtia, että tarkasteluun kannattaa uhrata aikaa. Kaivopuisto ja Eira ovat niin ikään omilla tavoillaan ehjiä erikoisuuksia. Kantakaupungissa on taas moni vanha rakennus kunnostettu ja antaa nyt kaupunkikuvalle mielenkiintoista ominaisleimaa.

Uusi suomalainen arkkitehtuuri on tietysti edustettuna Helsingissä. Naapurikaupungissa — Espoossa — sijaitsee Tapiolan kuulu puutarhakaupunki.

Helsinkiin voi saapua monella tavalla. Tulo lentoasemalle vetää vertoja mille tahansa maailman metropolille. Asema on siinä määrin kansainväliset vaatimukset ja mitat täyttävä laitos. Automatkailija pääsee kaupunkiin lännestä, idästä ja pohjoisesta. Helsingin liikennettä väitetään tosin kaaosmaiseksi, mutta todellisuudessa se on sentään verraten joutuisaa. Parhaan osan valitsee ilman muuta kuitenkin se matkailija, joka tulee Helsinkiin laivalla. Tätä kaupunkia on sanottu Itämeren tyttäreksi ja kauniisti se kohoaa äitinsä sylistä.

Helsingissä on museoita, taidekokoelmia ja kirkkoja sekä muita julkisia rakennuksia, mutta kaduilla kuljeskeleminen on sittenkin eräs Helsingin suurista viehätyksistä. Täällä on paljon puistoja ja kun kaupunki sijaitsee mereen pistävällä niemellä, niin rannat ovat aina lähellä. Helsinki onkin erinomainen kesäkaupunki. Merituulet raikastavat sen ilmaa ja pitävät kaupungin puhtaana saasteista.

Helsingin ja koko Suomenkin historia kuvastuu myös patsaista. Eteläsatamassa sijaitsee Rauhanpatsas, presidenttejä on Eduskuntatalon tienoilla ja monumentteja löytyy eri puolilta kaupunkia. Joskus tuntuu kuitenkin siltä, että kaikista ponnisteluista huolimatta Kauppatorin Havis Amanda on edelleenkin Helsingin paras patsas. Tietysti Sibelius-monumentti on myös vaikuttava luomus ja sen tarkastelussa on valaistuksella keskeinen osuus.

Saattaa olla, että kaikista nähtävyyksistä huolimatta matkailija tuntee itsensä yksinäiseksi Helsingissä. Tämä kaupunki ei avaudu vieraalle aivan helposti. Mutta Helsingin takia kannattaa nähdä vaivaa. Silloin siihen tutustuu ja siitä oppii pitämään.

HELA FINLANDS HELSINGFORS

Finlands huvudstad är Helsingfors, landets största stad, centrum för administration, kultur och handel. Även industrin har en betydande roll inom stadens näringsliv. Helsingfors framträder också ofta som hela Finlands etikett och symbol. Och eftersom staden befinner sig i den allra sydligaste delen av ett stort land, kan man med fog säga, att Finland börjar först utanför Helsingfors gränser.

Helsingfors grundades år 1550 på ett dekret av Gustav Wasa. Staden skulle byggas av invånarna i grannstäderna. Arbetare hitkommenderades ända från Raumo. Arbetet var icke omtyckt, och därför arrangerade raumoborna den första demonstrationen i Finlands historia för att protestera mot sin lott. Endast hotet av hängning kunde få männen att lyda, och Helsingfors blev färdigt så småningom.

Det gamla Helsingfors befann sig vid Helsinge fors vid Vanda å cirka tio kilometer norr om den nuvarande stadskärnan. Stadens tillväxt var mödosam; eldsvådor och krig ödelade det lilla som blev byggt. Visserligen gav Sveaborgs fästningsarbeten liv åt stadens tillväxt, men invånarantalet var ändå bara knappa 3.000 människor vid slutet av 1700-talet.

När ryssarna erövrade Helsingfors år 1808, förstördes helt en tredjedel av stadens hus under krigshandlingarna. Det enda som finns kvar från den tiden är det s.k. Sederholmska huset vid Senatstorgets sydsida. Detta hus i rokokostil är Helsingfors äldsta stenbyggnad.

Helsingfors tillväxt och utveckling började år 1812, då kejsar Alexander den I utgav ett påbud, där det fastställdes, att Helsingfors skulle bli storfurstendömet Finlands huvudstad i stället för Åbo. Samtidigt beviljades rikligt med medel för stadens utbyggnad. Stadsplanen utarbetades av Johan Albrecht Ehrenström, och som arkitekt tillkallades Carl Ludwig Engel. Han var en av sin tids mest begåvade arkitekter, och honom kan vi tacka för empire-Helsingfors, som bäst bevarats i kvarteren runt Senatstorget.

Finlands stadskultur är rätt så ung. Med detta som måttstock och med beaktande av att träet som byggnadsmaterial var dominerande, kan man med fog påstå, att Helsingfors har flera byggnader, vilka är värda att kallas gamla och historiskt värdefulla. T.ex. Skatudden, en stadsdel, som byggts i jugendstil, är en originell enhet. Skatuddens hus har många särdrag och fina detaljer, så det lönar sig att offra tid på att studera dem. Likaså kan man säga, att både Brunnsparken och Eira är stadsdelar med säregen prägel. I innerstaden har återigen flera gamla hus restaurerats, vilket har bidragit till att ge stadsbilden ett nytt drag.

Den nya finska arkitekturen är givetvis också representerad i Helsingfors. I grannstaden Esbo finns den berömda trädgårdsstaden Hagalund.

Till Helsingfors kan man anlända på många sätt. Att ankomma till flygstationen är som att komma till vilken världsmetropol som helst. Flygstationen fyller alla mått och internationella bestämmelser. Bilturisten når staden från väster, öster och norr. Visserligen sägs det, att trafiken i Helsingfors är kaotisk, men i själva verket löper den nog rätt så smidigt. Men den resenär, som anländer till Helsingfors med båt, väljer otvivelaktigt den bästa vägen. Staden kallas ju Östersjöns dotter, och vackert höjer den sig ur sin moders sköte. I Helsingfors finns det flera museer, olika konstsamlingar och vackra kyrkor samt andra offentliga byggnader. Men att ströva omkring på stadens gator är nog säkert den största attraktionen. Staden har också flera parker, och eftersom Helsingfors ligger på en udde, är stränderna alltid nära. Helsingfors är en utmärkt sommarstad. Vindarna från havet hämtar in frisk luft och håller staden fri från föroreningar. Helsingfors och hela landets historia avspeglar sig också i flera statyer. I Södra hamnen står Fredsstatyn, vid Riksdagshuset står statyerna av några presidenter, och olika monument finns runtom i staden. Dock tycks det, att Havis Amanda på Salutorget är Helsingfors mest omtyckta staty — alla andra ansträngningar till trots. Även Sibelius-monumentet med sin lyckade fasadbelysning är en imponerande skapelse.

Måhända känner sig turisten, trots alla sevärdheter, ändå ensam i Helsingfors. Staden öppnar sig inte alltför lätt för sina gäster, men för Helsingfors skull är det mödan värt att förska. Då lär man sig att känna staden och tycka om den.

ALL FINLAND'S HELSINKI

Helsinki is the capital of Finland. It is the largest city in the country, the centre of administration, culture and trade, whilst a sizable proportion of the community is also employed by industry. Helsinki is often assumed to be a symbol of Finland. However the capital lies on the southern edge of the country, and as Finland is a country of no mean size, it woud be more accurate to say that Finland really begins only at the boundaries of Helsinki.

Helsinki was founded on the orders of Kustaa Vaasa in the year 1550. Inhabitants from neighbouring towns and workmen from as far away as Rauma were commanded there in order to carry out the building. The work was unwelcome and so the people of Rauma organised the first demonstration in the history of Finland to protest against the orders. Only the threat of hanging brought the men to submission, and Helsinki was completed on schedule.

The first Helsinki was situated beside the River Vantaa, at the Helsinki rapids, approximately ten kilometres north of the present town centre. The growth of the town was slow, as fires and wars ars destroyed the little which had been built. The fortification of Viapori accelerated the growth of the town, but even so, its population was less than 3000 by the end of the 18th century.

A third of the buildings in the city were destroyed during the Russian conquest of Helsinki in 1808. Only the Sederholm house which is built in Rococco style, on the south side of the Senate Square remains from those times. It is the oldest stone building in the city.

The growth and development of Helsinki began in 1812, when Tzar Alexander I made a proclamation in which Helsinki replaced Turku as the capital of the Grand Duchy of Finland. Ample funds were also made available for the building of the city. Johan Albrecht Ehrenström drew up the plans and Carl Ludwig Engel was appointed architect. He was one of the most talented architects of his time, and credit must be given to him for Empire style Helsinki, the best preserved examples of which are to be found in the area around the Senate Square.

Bearing in mind that urban culture is relatively young in Finland, and that the predominant building material was formerly wood, it is quite justifiable to claim that there are many buildings which may be defined as old and of historical value in Helsinki. One such example is the Jugend style suburb of Katajanokka, unique in its entirety. The buildings have so many special features and details that time spent on their examination would not be wasted. Kaivopuisto and Eira have, likewise, harmonious attractions of their own, and the many old buildings which have been restored in the city centre give an interesting charcter to the appearance of the city.

Modern Finnish architecture is also much in evidence in Helsinki, and the famous garden city of Tapiola is situated in the neighbouring town of Espoo.

One can arrive in Helsinki by a number of methods. Landing at the airport is exactly like arriving at any metropolis in the world, as the airport fulfils the highest international requirements and regulations. The car traveller can arrive from either north, east or west, and whilst it is claimed that Helsinki traffic is chaotic, in reality it moves quite smoothly. The best method of arrival is undoubtedly chosen, however, by the tourist who arrives in Helsinki by boat. The city has been called the daughter of the Baltic Sea, and one can see how gracefully it arises from the arms of its mother.

Museums, art collections, churches and other public buildings notwithstanding, one of the greatest charms of Helsinki is just to stroll along its streets. There are numerous parks, and as Helsinki is situated on a cape, the shore is never very far away. Helsinki is a delightful city in summertime, the fresh sea breezes leaving its air pure and clean.

The history of Helsinki and indeed of the whole of Finland is reflected in its statues There is a statue to peace in the South Harbour, there are statues of former presidents round the Parliament Building, and various monuments are to be found in different parts of the city. It still seems, however, that Havis Amanda can rightfully be called the finest statue in Helsinki. Of course the Sibelius Monument is also an impressive creation, and it is further enhanced by artistic illumination.

It is possible that, in spite of all the sights, a traveller may at first feel rather lonely in Helsinki. The city does not give itself too readily to strangers, but the tourist who takes a little time and trouble will be richly rewarded, by learning to know and love Helsinki.

UNSER HELSINKI

Helsinki ist die Haupstadt Finnlands. Es ist die grösste Stadt des Landes, Zentrale der Verwaltung, der Kultur und des Handels, ja selbst die Industrie hat ihren Anteil am Leben Helsinkis. Helsinki ist in vielem Image und Wahrzeichen Finnlands. Es liegt jedoch an der äussersten Südspitze des Landes. Bei einem so weiten Gebiet wie Finnland es ist, betreten wir daher das eigentliche Land erst, wenn wir den Toren von Helsinki den Rücken kehren.

Ein Machtspruch Kustaa Vaasa liess Helsinki 1550 erstehen. Zum Bau wurden Einwohner und Arbeiter der Nachbarstädte bis hin nach Rauma heranbefohlen. Angenehm war die Arbeit nicht und so kam es seitens der Einwohner Raumas zur Protestkundgebung gegen ihr Schicksal, der ersten in der Geschichte Finnlands. Nur die Androhung des Stranges zwang die Männer zum Gehorsam und Helsinki erstand planmässig.

Das ursprüngliche Helsinki lag am Ufer des Vantaa—Flusses, genauer gesagt an der Stromschnelle Helsinki, etwa 10 Kilometer nördlich des heutigen Stadtkernes. Das Wachstum der Stadt war mehr als bescheiden, Brände und Kriege zerstörten die kläglichen Anfänge. Zwar belebte der Festungsbau Viapori das Wachstum, trotzdem zählte die Stadt Ende des 18. Jahrhunderts unter 3000 Einwohner.

Als die Russen Helsinki 1808 eroberten, fiel ein Drittel der Gebäude den Operationen zum Opfer. Aus jener Zeit ist nur noch das sog. Sederholm-Haus im Rokokostil am Südrande des Senatsplatzes erhalten. Es ist der älteste Steinbau Helsinkis. Wachstum und Entwicklung nahmen ihren Aufschwung, als die Stadt 1812 auf Grund eines kaiserlichen Erlasses Zar Alexanders I. statt Turku zur Hauptstadt des Grossfürstentums Finnland erhoben wurde. Gleichzeitig wurden der Stadt reichliche Baugelder bewilligt. Den Stadtplan entwarf Johan Albrecht Ehrenström und Carl Ludwig Engel wurde zum Architekten berufen. Er zählte zu den begabtesten Architekten seiner Zeit. Das Empire-Helsinki ist sein Werk. Es hat sich am reinsten rings um den Senatsplatz erhalten. Die finnische Städtekultur ist verhältnismässig jung. Wird dies berücksichtigt und ausserdem, dass Holz das überwiegende Baumaterial früherer Zeiten war, kann mit Recht hervorgehoben werden, dass Helsinki viele Gebäude hat, die als alt und historisch wertvoll bezeichnet werden

müssen. Der im Jugendstil erbaute Stadtteil Katajanokka ist ein einmaliges Ganzes. Seine Häuser weisen so zahlreiche Eigenheiten und Details auf, dass es der Mühe wert ist, ihm Zeit und Aufmerksamkeit zu widmen. Kaivopuisto und Eira haben auf ihre Art gleichfalls ihre eigenen Züge beibehalten. Im ursprünglichen Stadtkern sind viele alte Bauten restauriert und geben dem Stadtbild sein ureigenes Gepräge.

Es versteht sich wohl von selbst, dass auch die neue finnische Architektur in Helsinki nicht fehlt. In der Nachbarstadt Espoo liegt die bekannte Gartenstadt Tapiola.

Helsinki lässt sich auf verschiedenem Wege erreichen. Die Landung im Flughafen von Helsinki unterscheidet sich kaum von der in einer anderen Metropole der Welt. Der Flughafen wird internationalen Anforderungen vollauf gerecht. Mit dem Wagen ist die Stadt von Westen, Osten und Norden zu erreichen. Es wird zwar behauptet, dass der Verkehr Helsinkis chaotisch ist, in Wirklichkeit ist er jedoch recht geschmeidig. Doch wer die Seereise nicht scheut, der hat das beste Teil erwählt. Die Stadt wird "Tochter der Ostsee" genannt, aus dem Schoss des Meeres steigt sie in ihrer Schönheit empor.

Helsinki hat Museen, Kunstgallerien, Kirchen und öffentliche Gebäude, doch seinen besonderen Reiz hat es, durch die Strassen von Helsinki zu schlendern. Zahlreich sind die Parkanlagen und da die Stadt auf einer Landzunge in die See vorstösst, sind Strand und Ufer stets in unmittelbarer Nähe. Helsinki ist so recht eine Sommerstadt. Die Seewinde sorgen für stets reine Luft und halten Verschmutzung fern.

In den Denkmälern spiegelt sich die Geschichte der Stadt und ganz Finnlands wieder. Im Südhafen steht das Monument des Friedens, um das Reichstagsgebäude Statuen von Präsidenten, überall über die Stadt verstreut Denkmäler und Monumente. Doch fast scheint es, dass die Havis Amanda auf dem Marktplatz "Kauppatori" nach wie vor sich als schönste Schöpfung behauptet. Ein eindruckvolles Werk ist das Sibeliusmonument, eine gute Beleuchtung bringt es voll zur Geltung.

Mag sein, dass sich der Reisende trotz allem Sehenswerten in Helsinki einsam fühlt. So leicht öffnet sich diese Stadt dem Fremden nicht. Doch wer einige Mühe nicht scheut, der lernt sie kennen und lieben.

Helsinkiin on hyvä saapua laivalla. Kaupungin siluetti piirtyy taivaanrannalle varsin sopusuhtaisena. Äärikuva on tosin matala, sillä vain muutamat rakennukset rohkenevat kohota kohtuullista normaalitasoa korkeammalle. Mutta juuri vanhan kaupungin puhdaspiirteisyys — Engelin harmonia — luo valoisan ja tyylikkään ominaissävyn. Ja Tähtitorninmäki antaa rannan ja sataman ilmeelle vihreän säväyksen. Laivamatkan viimeinen osa on oivallinen katselmus historiaan, kun satamaan saapumisen edellyttämällä hiljaisella vauhdilla solutaan Kustaanmiekan salmessa ja ohitetaan Suomenlinnan saaria.

Det känns gott att komma till Helsingfors med båt. Stadens siluett avtecknar sig harmoniskt mot himlen. Visserligen är konturen låg, ty endast några få byggnader vågar höja sig över medelnivån. Men just gamla stans rena linjer — Engels harmoni — åstadkommer en ljus och stilfull kombination. Och Observatoriebacken ger en grön ton åt stranden och hamnen. Den sista delen av båtfärden ger en ypperlig historisk tillbakablick, då båten sakta glider förbi Gustavssvärd och Sveaborgs öar före ankomsten till hamnen.

It is good to arrive in Helsinki by boat. The harmonious proportions of the city are silhouetted against the horizon. True, the outline is quite low, as only a few buildings are bold enough to rise above the average level, but the light and stylish characteristic features are created by the simple and clean lines of the old city, the harmony of Engel, and the Observatory Hill adds a touch of green to the harbour and shore-line. The final stages of the boat journey afford an excellent view of Finnish history, with the boat gliding slowly through the straits of Kustaanmiekka and passing the islands of Suomenlinna.

Es lohnt sich Helsinki mit dem Schiff anzusteuern. Harmonisch zeichnet sich die Stadt am Horizont ab. Zwar ist die Silhouette flach, denn nur wenige Gebäude wagen sich gen Himmel vor, in der Masse bleiben sie der Erde verbunden. Doch gerade die reine Linienführung der Altstadt — die Harmonie Engels — gibt ihr das eigene, stilreine Gepräge. Der Observatoriumsberg gibt Ufer und Hafen einen grünen Anstrich. Die Einfahrt ist ein einmaliger Blick in die Geschichte. Langsam und majestätisch passiert das Schiff die Enge von Kustaanmiekka und die Inseln von Suomenlinna.

Kauppatori on eräs Helsingin parhaista nähtävyyksistä. Tori toimii, se on täpötäynnä elämää ja värejä ja siellä viihtyy. Torilta sopii ostaa jos jotakin tarvitsee, mutta se on hyvä paikka katselijalle ja kuuntelijalle. Ja kahvi maistuu mainiolta, kun sen nauttii kangaskojun lepattavien helmojen suojassa.
Helsingissä on paljon patsaita, mutta iloisin on epäilemättä Kauppatorin Havis Amanda (V. Vallgren).

Salutorget är en av Helsingfors största sevärdheter. Torget är verksamt, fullt av liv och färger, och alla trivs där. På torget kan man köpa allt det man behöver, men det är också en bra plats för den, som bara vill gå omkring för att se och höra. Och kaffet smakar utmärkt, då man kan avnjuta det i kaffetältets hägn. Det finns många statyer i Helsingfors, men utan trivel är Havis Amanda på Salutorget den trevligaste av dem alla (V. Vallgren).

One of the most interesting spectacles in Helsinki is the busy market square, crowded with life and colour. It is enjoyable to shop there and also merely to look and listen, and a cup of coffee tastes wonderful when it is enjoyed in the shade of a flapping canvas stall.
There are many statues in Helsinki, but the gayest of these is undoubtedly the Havis Amanda in the Market Square (V. Vallgren).

Kauppatori, der Markt Helsinkis, ist eine Sehenswürdigkeit für sich. Bunt und farbenfroh pulsiert das Leben, sodass einem froh ums Herz wird. Der Einkauf lohnt sich hier, doch auch dem Auge und Ohr bietet sich viel. Der Kaffee schmeckt köstlich am Stand bei flatternden Zeltbahnen. Helsinki hat viele Denkmäler und Monumente, doch der fröhlichen Havis Amanda (Ville Vallgren) auf dem Kauppatori kommt keines gleich.

Presidentin linna on Helsingin vanhimpia rakennuksia (1818). Se rakennettiin yksityistaloksi, tolml keisarillisena palatsina ja Suomen itsenäistyttyä siitä tuli presidentin linna. Suurin ja juhlavin sali on nimeltään Valtiosali.

Presidentens slott är en av Helsingfors äldsta byggnader (1818). Till en början var huset privatägt, fungerade sedan som kejserligt palats och blev presidentens residens efter självständighetsförklaringen. Den största festsalen kallas Statssalen.

The President's Palace is one of the oldest buildings in Helsinki (1818). It was originally built as a private house, served as the Czar's palace and, with the coming of Finnish Independence, became the President's palace. Its largest and most impressive room is the State Chamber.

Das Präsidentenpalais zählt zu den ältesten Bauten Helsinkis (1818). Als Privatwohnsitz wurde es erbaut, war Zarenresidenz und seit Finnland selbständig wurde, ist es Residenz des Präsidenten. Grösster und festlichster Saal ist der Staatssaal.

Suomessa on kaksi
valtiokirkkoa — lute-
rilainen ja ortodoksi-
nen. Ortodokseja on
n. 1,5 % väestöstä.
Helsingin hiippakun-
nan pääkirkko on
Uspenskin katedraali.

Finland har två stats-
kyrkor — den lute-
ranska och den orto-
doxa. De ortodoxa
omfattar ca 1,5 % av
befolkningen.
Uspenski-katedralen
är huvudkyrkan i
Helsingfors'stift.

Finland has two state
religions, Lutheran
and Russian Orthodox.
About 1.5 % of the
population belongs to
the Orthodox Church.
The Uspenski
Cathedral is the
principal Orthodox
church in the
diocese of Helsinki.

Finnland hat zwei
Staatskirchen — die
lutherische und die
orthodoxe. Etwa
1,5 % der Bevölke-
rung sind orthodox.
Die Hauptkirche des
Bistums Helsinki ist
die Uspenski-Kathe-
drale.

Helsingin tuomiokirkko sijaitsee Kaupungin histo-
riallisessa keskustassa, empiretorin pohjoissivulla
ja empire on myös kirkon tyyli. Carl Ludwig Enge-
lin piirtämä kirkko vihittiin käyttöön vuonna 1852.
Päätykolmioihin on sijoitettu kahtatoista apostolia
esittävät patsaat. Kirkossa on 1700 istumapaikkaa
ja tornin korkeus on 80 metriä merenpinnasta. Tuo-
miokirkossa pidetään kaikki valtiollisiin ja akatee-
misiin juhliin liittyvät jumalanpalvelukset.

Helsingfors domkyrka står i stadens historiska
centrum, på den nordliga sidan av empiretorget.
Kyrkan, som ritats av Carl Ludwig Engel, har också
byggts i empirestil och invigdes år 1852. På gavlarna
har man placerat statyer, som föreställer de tolv
apostlarna. Kyrkan har 1.700 sittplatser, och tornet
höjer sig 80 meter över havet. I Domkyrkan hålles
alla gudstjänster i samband med statliga och
akademiska festligheter.

The Empire style Cathedral of Helsinki lies on the
north side of the Senate Square which is the
historic centre of the city and is also built in Empire
styleg. The church, which was designed by Carl
Ludwig Engel, was completed in 1852. Figures
representing the twelve apostles are located on the
pediments. The church holds 1700 people and its
tower rises 80 metres above sea level. All services
connected with state or academic occasions are
held in the cathedral.

Der Dom von Helsinki liegt im historischen Zentrum
der Stadt, an der Nordseite des Empire-Platzes,
auch er im Empire-Stil. Der von Carl Ludwig Engel
gezeichnete Dom wurde 1852 eingeweiht. Am
Dreieckgiebel stehen die zwölf Apostel. Der Dom
hat 1700 Sitzplätze, der Turm eine Höhe von 80
Metern. Alle staatlichen und akademischen Fest-
gottesdienste werden im Dom abgehalten.

Senaatintori on kirkon, valtiovallan ja yliopiston tori. Yliopiston kirjastoa taas sanotaan kauneimmaksi Engelin suunnittelemista rakennuksista.

Senatstorget är kyrkans, statsmaktens och universitetets torg. Universitetsbiblioteket anses vara Engels vackraste byggnad.

The Senate Square is the square of Church, State and university. The University Library is widely held to be one of the finest buildings designed by Engel.

Den Senatsplatz umsäumen der Dom, die Universität und staatliche Gebäude. Die Universitätsbibliothek gilt als schönster Bau Engels.

Aleksanterinkatu on Helsingin tunnetuin kauppakatu. Sen ja Mannerheimintien liittymäkohdassa on patsas "Kolme seppää". Mannerheimintie sai nykyisen nimensä vuonna 1942. Katu on pohjois-eteläsuunnassa kaupungin valtaväylä ja sillä pituutta yli 5 kilometriä.

Alexandersgatan är Helsingfors mest kända shoppinggata. I hörnet av Alexandersgatan och Mannerheimvägen står statyn "Tre smeder." Mannerheimvägen fick sitt nuvarande namn år 1942. Gatan är över 5 km lång och är stadens huvudstråk i nord-sydlig riktning.

Aleksanterinkatu is the best-known shopping street in Helsinki. The statue "The Three Smiths" stands at its junction with Mannerheimintie. Mannerheimintie, which was given its present name in 1942, is the main road running in a north — south direction through the city, and is more than five kilometres in length.

Bekannteste Geschäftsstrasse Helsinkis ist die Aleksanterinkatu. Wo sie mit der Mannerheimintie zusammenläuft stehen "Die drei Schmiede". Bereits 1942 erhielt die Mannerheimintie ihren Namen. Diese Verkehrsader in Nord-Süd-Richtung zieht sich über 5 Kilometer durch die Stadt.

Eduskuntatalo (J. S. Sirén) on rakennettu Kalvolan graniitista, jota taloon on käytetty n. 6600 tonnia. Istuntosalissa on viisi Wäinö Aaltosen veistosta.
Konsertti- ja kongressitalo Finlandia on Alvar Aallon suunnittelema. Täällä pidettiin ETY-kokous vuonna 1975.

Till Riksdagshuset (J. S. Sirén) har man använt över 6.600 ton granit, som man hämtat från Kalvola. I sessionssalen finns fem statyer gjorda av Wäinö Aaltonen.
Konsert- och kongresshuset Finlandia har planerats av Alvar Aalto. Här hölls ESSK år 1975.

About 6,600 tons of Kalvola granite were needed to build the Parliament Building (J. S. Sirén). In the chamber are five statues by Wäinö Aaltonen.
The Finlandia House concert and conference centre which was designed by Alvar Aalto was the site of the 1975 Conference on European Security.

Das Reichstagsgebäude (J. S. Sirén) ist aus Kalvola-Granit, rund 6600 Tonnen schluckte der Bau. Im Plenarsaal stehen fünf Skulpturen von Wäinö Aaltonen.
Das Konzert- und Kongresshaus Finlandia ist ein Werk Alvar Aaltos. Hier wurden 1975 die KSZE-Tagungen abgehalten.

Kansallismuseo omaa piirteitä Suomen vanhoista kirkoista ja linnoista. Kokoelmat käsittävät esihistoriallisen, historiallisen ja kansatieteellisen osaston. Pääaulassa on Akseli Gallén-Kallelan maalaamat kalevala-aiheiset freskot.

Nationalmuseet bär drag av Finlands gamla kyrkor och borgar. Museets samlingar har uppdelats i en förhistorisk, historisk och etnografisk avdelning. I huvudaulan finns fresker med motiv från Kalevala, målade av Akseli Gallén-Kallela.

The National Museum has features from Finland's oldest churches and castles. Its collections comprise prehistoric, historic and ethnographic sections. The central hall is decorated with the Kalevala frescoes of Akseli Gallén-Kallela.

In der Architektur des Nationalmuseums spiegeln sich die Züge des Kirchen- und Festungsbaues vergangener Zeiten. Die Sammlungen umfassen eine prähistorische, eine historische und eine volkskundliche Abteilung. In der grossen Aula sind Fresken Akseli Gallén-Kallelas zu Motiven der Kalevala, des finnischen Nationalepos.

Sibeliusmonumentti (Eila Hiltunen 1967) sijaitsee säveltäjämestarille nimetyssä puistossa.

The Sibelius Monument (Eila Hiltunen 1967) is situated in the park named after the composer. ▶

Sibeliusmonumentet (Eila Hiltunen 1967) står i en park, som uppkallats efter den store tonsättaren.

Das Sibelius-Monument (Eila Hiltunen 1967) steht in dem Park, der den Namen des Komponisten trägt.

Temppeliaukion kirkko on louhittu kallioon, vain kupoli ja kivireunus ovat näkyvissä. Kirkkosalin materiaaleina ovat lasi, kupari ja graniitti.

Tempelplatsens kyrka har huggits in i berget, endast kupolen och stenbarriären är synliga. Som material i kyrksalen har använts glas, koppar och granit.

The Temppeliaukio Church is sunk into rock so that only the cupola and stone edging can be seen. The interior is constructed of glass, copper and granite.

Die Kirche am Tempelplatz ist in den Fels hineingebaut, nur die Steinumfassung und die Kuppel ragen über die Erde hinaus. Baumaterialien des Inneren sind Glas, Kupfer Granit.

Helsingin Olympiastadionilla pidettiin olympialaiset vuonna 1952. Stadionille mahtuu 50 000 katsojaa, tornin korkeus on 72 metriä. Urheilukeskus käsittää uimastadionin, jäähallin sekä harjoituskenttiä. Paavo Nurmen — lentävän suomalaisen — patsas on saanut arvoisansa paikan. Stadionilla on myös urheilumuseo, jonka kokoelmissa on mielenkiintoisia esineitä ja muistoja urheilijoista ja urheilusta.

På Helsingfors Olympiastadion hölls Olympiaden år 1952. Stadion rymmer 50.000 åskådare. Tornets höjd är 72,71 meter (samma som Matti Järvinens världsrekord i spjut år 1938.) Idrottscentret omfattar simstadion, ishall och träningsplaner. Paavo Nurmis — den flygande finnen — staty står på en värdig plats. I Stadion finns också ett idrottsmuseum, vars minnesrika samlingar omfattar flera intressanta föremål, som tillhört idrottsmän och idrotten.

The 1952 Olympic Games were held in Helsinki's Olympic Stadium. The stadium holds 50 000 spectators and its tower rises to a height of 72 metres. The sports centre comprises swimming stadium, ice hall and practice areas. The statue of Paavo Nurmi, the Flying Finn, occupies the place it so well deserves. The stadium also houses the Sports Museum which has an interesting collection of exhibits of sports and sportsmen.

1952 fanden die Olympischen Spiele im Stadion von Helsinki statt. Es fasst 50 000 Zuschauer, der Turm hat eine Höhe von 72 Metern. Das Sportzentrum umfasst Schwimmstadion, Kunsteishalle und Trainingsplätze. Das Denkmal Paavo Nurmis — des fliegenden Finnen — hat einen ihm gebührlichen Platz gefunden. Im Stadion ist das Sportmuseum, das in seinen Sammlungen viel Interessantes aus dem Leben des Sports und der Sportler beinhaltet.

Linnanmäki on huvipuisto, jonka vuoristorata, karusellit ja ajolaitteet sekä varieteteatteri tekevät siitä Helsingin suosituimman käyntikohteen.

The switchback, roundabouts, variety theatre and other entertainments of the Linnanmäki Amusement Park make it one of the most popular places in Helsinki.

Borgbackens nöjespark med sin berg- och dalbana, sina karuseller och andra "åkdon" samt sin varieté-teater, är en av stadens populäraste utflyktsmål.

Linnanmäki ist Vergnügungspark mit Achterbahn, Karussellen, Fahrzeugen und Varieté — eines des beliebtesten Besuchsziele in Helsinki.

Kallion kaupunginosan kirkko on rakennettu harmaasta graniitista (Lars Sonck 1912). Kirkko edustaa kansallis-romanttista tyylisuuntaa Kansallismuseon tapaan. Tyylin vaikutus jäi kuitenkin verraten lyhytaikaiseksi vaikka Helsingissä onkin siitä kymmenkunta esimerkkiä.
Helsingin kaupunginteatterin rakennuksessa (Timo Penttilä 1967) on edustavuusnäkökohtia korostettu 1960-luvun hengessä. Teatteri käsittää sekä suuren että pienen näyttämön.

Berghälls kyrka har byggts av grå granit (Lars Sonck 1912). Kyrkan representerar en nationalromantisk stil alldeles som Nationalmuseet. Denna stils inverkan blev dock kortvarig, fastän det finns ett tiotal exempel på den i Helsingfors.
Helsingfors Stadsteaters byggnad (Timo Penttilä 1967) är en värdig representant för 1960-talets arkitektur. Teatern har både en stor och en liten scen.

The church in the suburb of Kallio is built of grey granite (Lars Sonck 1912). Like the National Museum, the church is an example of the national romantic style. Although there are about ten examples of the style in Helsinki, its influence was, however, relatively shortlived.
The distinguished aspect of architecture in the 1960s is embodied in the Helsinki City Theatre (Timo Penttilä 1967). The theatre has both large and small auditoria.

Die Kirche des Stadtteils Kallio ist aus grauem Granit erbaut (Lars Sonck 1912), wie das Nationalmuseum im völkischromantischen Stil. Dieser Stil hielt sich nur kurze Zeit, doch finden sich in Helsinki eine Reihe von Bauten diesen Stils.
Das Städtische Theater Helsinki (Timo Penttilä 1967) hebt repräsentative Funktionen im Geiste der 1960-er Jahre hervor. Das Theater hat eine grosse und eine kleine Bühne.

Pitkänsillan pohjoispuoli oli aikoinaan työläiskau-
punginosaa, mutta enää ei rajoja vo määritellä näin
jyrkästi. Tietysti eri kaupunginosien tunnelmissa on
eroja ja ne huomaa, kun kävelee kaduilla. Hakanie-
messä sijaitsee Helsingin toiseksi suurin tori, vilk-
kaasti kauppaa tekevä ja rupatteleva.

Stadsdelen norr om Långa bron bebodd tidigare av
arbetare men några fixerade gränser existerar in
numera. Givetvis råd det vissa skillnader atmos-
fären i de olika stadsdelarna, och den förnimmer
man lätt, dv man promenerar på gatorna. I Hagnäs
finns Helsingfors nästa största torg, där har deln
florerar och ''snacket'' går.

The suburb to the nolth of the Long Bridge, Pitkä-
silta, was formerly a working a woring class area,
but the boundaries can no longer be so clearly
defined. There are certainly differences in atmos-
phere from suburb to suburb as one can perceive
whilst walking around them. Brisk and voluble trade
is carried on in Hakaniemi Market Place, the second
largest square in Helsinki.

Nördlich der Pitkäsilta (Lange Brücke) lag seinerzeit
das Arbeiterviertel, heute lassen sich so scharfe
Grenzen nicht mehr ziehen. Natürlich weisen die
einzelnen Stadtteile in ihrer Atmosphäre. Unterschei-
de auf, die beim Bummel durch die Straussen nicht
verborgen bleiben. Hakaniemi ist der zweitgrösste
Markt Helsinkis mit regem Handel under frischem
Wortgeplänkel.

Unioninkatu alkaa Tähtitorninmäeltä, muuttaa Pitkälläsillalla nimensä Siltasaarenkaduksi ja päättyy Kallion kirkon juurelle. Se on katu, joka johtaa mäeltä mäelle.

Unioninkatu (Union Street) begins at Tähtitornimäki (Observatory Hill), changes its name on the Long Bridge to Siltasaarenkatu and ends at the foot of Kallio Church. It is a road which stretches from one hill to another.

Unionsgatan, som leder från backe till backe, börjar på Observatoriebacken, ändrar sitt namn till Broholmsgatan på Långa bron och slutar vid foten av Berghälls kyrka.

Vom Observatoriumsberg zieht sich die Unioninkatu zur Pitkäsilta, wird hier zur Siltasaarenkatu und endet am Fuss der Kallio-Kirche; so ist sie die Verbindungsstrasse zweier Hügel.

Rautatieasema (Eliel
Saarinen 1914) on
maailmankuulu arkki-
tehdin tunnetuimpia
töitä. Aseman seutu
on vilkkainta Helsin-
kiä. Täältä mitataan
etäisyydet kaikkiin
Suomen paikkakun-
tiin.
Suomen Kansallis-
teatteri (Onni Tar-
janne 1902) edustaa
kansallista jugend-
tyyliä. Kansallisteat-
teri on vanhin suo-
menkielinen näyttä-
mö. Se on toiminut
vuodesta 1872 läh-
tien.

Järnvägsstationen
(Eliel Saarinen 1914)
är ett av den världs-
berömda arkitektens
mest kända verk.
Trakterna kring sta-
tionen är de mest
livfulla i Helsingfors.
Härifrån mäts avstån-
den till alla orter
i Finland.
Finlands Nationaltea-
ter (Onni Tarjanne
1902) representerar
nationell jugendstil.
Nationalteatern är
den äldsta finsprå-
kiga scenen, den har
varit verksam ända
sedan 1872.

The Railways Station (Eliel Saarinen 1914) is one
of the best-known works of the world famous archi-
tect Eliel Saarinen. The area around the station is
the busiest in Helsinki. The distances to all parts
of Finland are measured from this point.
The Finnish National Theatre (Onni Tarjanne 1902)
is an example of the national Jugend styles and is
the oldest Finnish language theatre. It has been
active since the year 1872.

Der Bahnhof (Eliel Saarinen 1914) ist eines der
bedeutendsten Werke dieses weltberühmten Archi-
tekten. Die Gegend um den Bahnhof ist die regeste
Helsinkis. Alle Entfernungsangaben zu anderen
Städten und Orten verstehen sich von hieraus. Das
Finnische Nationaltheater (Onni Tarjanne 1902) ist
im nationalen Jugendstil gehalten. Es ist die älteste
finnischsprachige Bühne des Landes. Es wurde
1872 gegründet.

Rautatientorilla, Kansallisteatterin edustalla on Suomen kansalliskirjailijan Aleksis Kiven patsas (Wäinö Aaltonen 1939).

På Järnvägstorget framför Nationalteatern finns en staty av Finlands nationalskald Aleksis Kivi (Wäinö Aaltonen 1939).

The statue of Finland's national writer Aleksis Kivi (Wäinö Aaltonen 1939) stands in the Railway Square in front of the National Theatre.

Auf dem Bahnhofsplatz, vor dem Nationaltheater steht das Denkmal Aleksis Kivis, des finnischen Nationaldichters (Wäinö Aaltonen 1939).

Ateneumissa on suurin ja täydellisin suomalaisen taiteen kokoelma. Itse rakennus on uus-renesanssia (C. T. Höjer 1887).

The largest and most comprehensive collection of Finnish Art is housed in the Atheneum. The building itself is neo-renaissance (C. T. Höijer 1887).

I Ateneum finns den största och fullständigaste kollektionen av finsk konst. Själva byggnaden representerar den nyrenässanska stilen. (C. T. Höijen 1887).

Im Ateneum ist die grösste und vollständigste Sammlung finnischer Kunst. Das Gebäude selbst ist Neu-Renaissance (C. T. Höijer 1887).

TAPIOLA

Tapiola sijaitsee 9 kilometriä Helsingistä länteen, Espoon kaupungissa. Tapiola on puutarhakaupunki, jonka ydinalueella on 16 000 asukasta. Lähtökohtana suunnittelussa on ollut ihmisen yksilöllisyys ja luonnon läheisyys. Matalia ja korkeita rakennuksia on sijoitettu siten, että tuloksena on ollut vaihtelevuus ja väljyys. Myös toimivuudesta on huolehdittu ja kehitetty elävä ja värikäs kaupunkikeskus.

Hagalund med sina 16.000 invånare, ligger i Esbo, 9 km väster om Helsingfors. Trädgårdsstadens planering har utgått från människan som individ och närheten av naturen. Höga och låga byggnader har placerats omväxlande med en känsla av rymd som resultat. Genom funktionell planering har man kunnat utveckla ett levande och färgstarkt stadscentrum.

The garden city of Tapiola which lies 9 kilometres to the west of Helsinki in the town of Espoo, has 16,000 inhabitants livning in its centre. Its overall design was based on the twin themes of human individuality and the proximity of nature. A varied and spacious effect has been achieved by the judicious grouping of buildings tall and small, and all amenities have been provided, resulting in a lively and colourful town centre.

Tapiola liegt 9 Kilometer westlich von Helsinki in der Stadt Espoo. Tapiola ist Gartenstadt mit 16 000 Einwohnern im Kern. Zentraler Gedanke dieser Stadtgründung ist menschlicher Individualismus und Naturnähe. Niedrige Gebäude und Hochhäuser liegen so beieinander, dass sich hieraus Abwechslung und ein Gefühl der Weite ergeben. Doch für flotte Funktion ist gesorgt, das Stadtzentrum ist lebhaft und farbenfroh.

KÄPYLÄ

Käpylän puutarhakaupunginosa eli Puu-Käpylä rakennettiin ensimmäisen maailmansodan jälkeen noudattaen asemakaavassa ja tyylissä vanhaa suomalaista kaupungirakennustapaa. Alueen talot on kunnostettu täydellisesti ja ne säilytetään muistona oman aikansa tavasta.

Kottby trädgårdsstad (Trä-Kottby) byggdes efter första världskriget. I stadsplaneringen och byggnadsstilen följde man den gamla finska stadsbyggnadstraditionen. Husen på området har restaurerats, och det är meningen att de skall bevaras för att påminna om sin egen tids byggnadsstil.

The garden suburb of Käpylä, or Wooden Käpylä as it is commonly called, was built after the First World War in a style and layout which correspond to the old Finnish type of town planning. The houses in the area have been completely restored and they are to be preserved as a remembrance of their own era.

Der Gartenstadtteil Käpylä, das sog. Holz-Käpylä, wurde nach dem ersten Weltkrieg erbaut und folgte in Planung und Stil dem alten finnischen Städtebau. Die Häuser sind vollständig restauriert und stehen unter Denkmalschutz, die Erinnerung an frühere Zeiten soll gewahrt bleiben.

SEURASAARI

Seurasaari on ulkoilupuisto ja ulkomuseo, jonne johtaa kävelysilta Meilahdesta. Alueella on kahdeksan eri puolilta Suomea tuotua talonpoikaistaloa, joista kahdessa on kaikki ulkorakennukset. Karunan puukirkko on peräisin 1600-luvulta ja kesäisin siellä pidetään jumalanpalveluksia. Herraskartano, aitat, kirkkoveneet ja maalaiskauppa täydentävät Seurasaaren rakennusmuseota. Kesäkuukausina Seurasaaressa järjestetään kansantanssi- ja teatteriesityksiä ja pelimannikonsertteja. Seurasaaren perinteiset juhannusjuhlat ovat kuuluisat.

Fölisön är både friluftmuseum och naturpark. Dit leder en gångbro från Mejlans. På ön finns åtta bondgårdar från olika trakter i Finland, två av dem har alla sina uthus kvar. I Karuna träkyrka från 1600-talet håller man gudstjänster på sommaren. En herrgård, bodar, kyrkbåtar och en lanthandel kompletterar Fölisöns byggnadsmuseum. Under sommarmånaderna arrangeras på Fölisön folkdans- och teaterföreställningar samt spelmansfester. De traditionella midsommarrfesterna på Fölisön är välkända.

The island of Seurasaari, an open-air recreation centre and folk museum, is connected to Meilahti by footbridge. In the museum area are eight peasant dwellings, two of them complete with outbuildings, from wifferent parts of Finland. The wooden church from Karuna dates from the 17th century and services are held there during the summer. The other buildings in the museum comprise a manor house, barns, church boats and a country shop. Exhibitions of folk dancing, theatre performances and folkmusic concerts are given on Seurasaari during the summer months, and its traditional Midsummer festivities are well-known.

Seurasaari ist Naturpark und Freilichtmuseum. Durch eine Brücke ist die Insel mit dem Festlande verbunden. Auf der Insel stehen acht Bauerngehöfte aus verschiedenen Gebieten Finnlands. Die Holzkirche von Karuna ist aus dem 17. Jahrhundert und wird im Sommer heute noch für Gottesdienste verwendet. Der Gutshof, die Wirtschaftsgebäude, die Kirchboote und ein ländlicher Laden vervollständigen das Museum alter Baukunst auf Seurasaari. Im Sommer beleben Volkstanz und Theatervorführungen, sowie bäuerliche Volksmusikdarbietungen das Museum. Die traditionelle Mittsommerfeier auf Seurasaari ist weitbekannt.

KORKEASAARI

Korkeasaaressa sijaitsee eräs maailman pohjoisimmista eläintarhoista. Eläimiä on yli tuhat. Nisäkkäitä on 100 lajia ja lintuja 150. Korkeasaaressa on tietysti apinoita, leijonia ja karhuja, mutta siellä näkee myös harvinaisempia eläimiä, sellaisia kuin siperiantiikerin, lumileopardin, myskihärän ja lumivuohen. Erikoisuus on hämäräeläinhalli, jossa saa ihailla pieniä ja muuten niin arkoja piipertäjiä.
Korkeasaareen pääsee lautalla, moottoriveneellä tai Mustikkamaan kautta siltaa pitkin.

På Högholmen finns en av världens nordligaste djurgårdar med över ett tusen djur. Där finns 100 arter av däggdjur och 150 fågelarter. På Högholmen finns det naturligtvis apor, lejon och björnar. Men man kan också se mera sällsynta djurt, t.ex. den sibriska tigern, snöleoparden, myskoxen och snögeten. En specialitet är hallen för nattdjur, där man kan beundra annars så skygga småkryp.
Till Högholmen kommer man med färja, motorbåt eller över en bro från Blåbärslandet.

One of the northernmost zoos in the worlds is to be found on the island of Korkeasaari. There are more than a thousand animals, including 100 species of mammals and 150 species of birds. These range from the usual monkeys, lions and bears to rarer animals such as Siberian tigers, snow leopards, musk oxen and snow goats. A special attraction is the hall of nocturnal animals where one can enjoy watching small rodents which are usually too shy to be seen. The trip to Korkeasaari can be made by ferry, motor boat or by crossing the footbridge from Mustikkamaa.

Korkeasaari ist einer der nördlichsten Zoos der Welt. Über 1000 Tiere sind auf der Insel, über 100 Arten von Säugetieren und 150 Vogelarten. Selbstverständlich auch Affen, Löwen und Bären, doch auch seltene Tiere wie der sibirische Tiger, der Schneeleopard, der Moschusochse und die Schneeziege. Eine Spezialität sind die lichtscheuen Vögel in ihrem eigenen Bau, zahlreiche kleine, scheue Zwitscherer.
Eine Fähre bringt den Besucher nach Korkeasaari, doch auch mit dem Motorboot oder über eine Brücke von Mustikkamaa aus lässt sich die Insel erreichen.

SUOMENLINNA

Suomenlinnan (Sveaborg — Viapori) muodostaa viisi Helsingin edustalla olevaa saarta, joille vuonna 1748 ryhdyttiin rakentamaan merilinnoitusta Suomen puolustuksen päätukikohdaksi. Linnoituksen suunnitteli ja töitä johti sotamarsalkka Augustin Ehrensvärd — hänen hautansa sijaitsee Susisaaren linnanpihalla. Viaporissa oli enemmillään 2000 tykkiä ja se osallistui kahteen otteeseen sotatoimiin. Ensimmäisen kerran Suomen sodan aikana vuonna 1808 ja toisen kerran vuonna 1855 jolloin englantilaisranskalainen laivasto pommitti linnoitusta. Suomenlinnan entisöimistyöt ovat parhaillaan käynnissä. Linnoitus käsittää noin 60 linnaketta ja muuria 7,5 kilometriä. Suomenlinnaan on lauttayhteys Kauppatorin rannasta kerran tunnissa. Kesäaikana on lisäksi moottoriveneyhteyksiä.

Sveaborg (Viaborg) omfattar fem öar och holmar utanför Helsingfors. År 1748 påbörjades uppförandet av befästningen, som skulle bli huvudbas för Finlands försvar. Befästningen planerades av fältmarskalk Augustin Ehrensvärd, som också ledde arbetena. Hans grav finns på borggården på Vargön. På Sveaborg fanns som mest 2.000 kanoner, och befästningen deltog i krigsoperationer två olika gånger. Första gången händer det under Finska kriger år 1808 och andra gången år 1855, då den engelsk-franska flottan bombarderade befästningen. Restaureringsarbetena av Sveaborg pågår som bäst. Befästningen omfattar ca 60 fort och 7,5 km murar. Man kommer till Sveaborg med färja från Salutorget en gång i timmen. På sommaren upprätthålls trafiken också med motorbåtar.

Suomenlinna, or Viapori as it was earlier known, is made up of five islands off Helsinki, on which the foundations of a sea fortress were laid in 1748 as the main base for the Finnish defences. The planning and supervision of the construction work were carried out by Field Marshal Augustin Ehrensvärd whose grave is to be found in the castle yard on Susisaari.

There were at times as many as 2000 guns positioned in Viapori, and it was twice engaged in hostilities, the first time during the Finnish War of 1808 and the second occasion in the year 1855 when the combined British and French Navies bombarded the fortress. Suomenlinna, which is at present undergoing restoration, includes about sixty forts and its walls are 7.5 km. in length. The ferry to Suomenlinna leaves once an hour from the Market Square, and during the summer journey can also be made by motor boat.

Suomenlinna (Sveaborg — Viapori) umfasst fünf Inseln vor Helsinki, auf denen ab 1748 eine Festung erbaut wurde als Hauptstützpunkt zur Abschirmung Finnlands von der See her. Der Entwurf der Befestigungsanlagen und ihr Bau lag in Händen des Feldmarschalls Augustin Ehrensvärd, dessen Grab im Burghof von Susisaari liegt. Bis zu 2000 Geschütze zählte Viapori seinerzeit. Zweimal war es in Kriege verwickelt, erstmals in den finnischen Krieg 1808, zum zweitenmal stand die Feste 1855 unter Beschuss der englischen-französischen Flotte. Die Restaurierung von Suomenlinna ist in vollem Gange. Die Feste umfasst 60 Forts und Mauern von 7,5 Kilometern Länge. Einmal pro Stunde fährt die Fähre vom Kauppatori zur Festung, im Sommer ausserdem noch Motorboote.

KATAJANOKKA

Katajanokan kaupunginosa on omalaatuinen koko-
naisuus, jonka erottaa kantakaupungista kapea ka-
nava. Alueen näyttävin rakennus on Uspenskin
katedraali. Se antaa leimansa Helsingin rantamaise-
malle. Suurin osa Katajanokan rakennuksista edus-
tavat jugendtyyliä, jolle kansallisromanttinen suunta
on antanut lisäpiirteitä.

Skatuddens stadsdel är en originell helhet. Skatudds
kanalen avskiljer den från stadskärnan. Den mest
framträdande byggnaden på området är Uspenski-
katedralen, som ger sin prägel åt Helsingfors
strandvy. Största delen av Skatuddens byggnader
representerar jugendstilen med en stänk av natio-
nalromantik.

The suburb of Katajanokka, which is separated from
the town centre by a narrow channel, has a charac-
ter all of its own. The most impressive building in
the suburb is the Uspenski Cathedral, a landmark
on the shoreline of Helsinki. Most of the buildings
in Katajanokka are in the Jugend style with some
influence from the National Romantic movement.

Der Stadtteil Katajanokka ist ein Ganzes eigenen
Gepräges. Ein Kanal trennt ihn vom Stadtkern. Der
hervortretendste Bau ist die Uspenski-Kathedralen.
Sie gibt der Strandlinie Helsinkis ihren eigenen
Charakter. Überwiegend unter den Bauten ist der
Jugendstil vertreten, dem die völkisch-romantische
Richtung weitere Züge gegeben hat.

Katajanokan vanhin raken-
nus on C. L. Engelin suun-
nittelema Merikasarmi, joka
rakennettiin vuosina 1816—
20. Katajanokka on Helsin-
gin matkustajalaivaliiken-
teen keskuspaikkoja. Myös
Suomen jäänmurtajalaivas-
ton tukikohta sijaitsee tääl-
lä. Jäänmurtajat ovat suo-
malaisen laivanrakennus-
teollisuuden erikoistuotan-
toa. Suomessa suunniteltuja
toimii Neuvostoliiton, Ruot-
sin, Saksan liittotasavallan
ja jopa Argentiinan laivas-
toissa.

Den äldsta byggnaden på
Skatudden är Havskaser-
nen, byggd åren 1816—1820
och planerad av C. L. En-
gel. Skatudden är ett av
passagerarfartygstrafikens
centra i Helsingfors. Här
finns också basen för isbry-
tarflottan i Finland. Isbry-
tarna är Finlands varvsin-
dustris specialprodukter. I
Finland konstruerade och
tillverkade isbrytare kan
man finna i Sovjetunionens,
Sveriges, t.o.m. i Argentinas
flottor.

The oldest building in Ka-
tajanakka is the Naval
Barracks which was built
between the years 1816 and
1820 to the design of C. L.
Engel. Katajanokka is one
of the centres for sea
passenger trafic and also
the base for the Finnish
icebreaker fleet. The
Finnish shipbuilding indu-
stry specializes in icebrea-
kers, and ships designed
and built in Finland can be
found in the Russian, Swe-
dish, West German and
even Argentinian fleets.

Der älteste Bau auf Kataja-
nokka ist die Marinekaser-
ne, entworfen von C. L. En-
gel und erbaut in den Jah-
ren 1816—1820. Katajanokka
ist eine der Hauptanlege-
stellen Helsinkis für Passa-
gierschiffe. Auch der Stütz-
punkt der finnischen Eis-
brecherflotte ist auf Kataja-
nokka. Der Eisbrecherbau
ist ein Spezialzweig der
finnischen Werftindustrie.
Die Sowjetunion, Schwe-
den, die Bundesrepublik
Deutschland und selbst
Argentinien haben in Finn-
land konstruierte und ge-
baute Eisbrecher.

KAIVOPUISTO

Kaivopuiston historia alkoi kylpylaitoksesta, joka rakennettiin tänne 1830-luvulla. Kylpylä oli erityisesti venäläisen vallasväen suosiossa. Tsaari oli näet kieltänyt matkat ulkomaisiin kylpylöihin.

Brunnsparkens historia började med en badinrättning, som byggdes här på 1830-talet. Badinrättningen var särskilt omtyckt av det ryska herrskapet, tsaren hade nämligen förbjudit resor till utländska kurorter.

The history of Kaivopuisto begins with the spa which was built there in the 1830s. The baths were especially popular with the Russian nobility as the Tsar had forbidden them to travel to foreign spas.

Das Bad in Kaivopuisto ist der erste Anfang der Geschichte dieses Stadtteils. In den 1930er Jahren wurde es erbaut. Vor allem in den führenden Kreisen der Russen erfreute sich das Bad grösster Beliebtheit, denn der Zar hatte den Besuch ausländischer Bäder verboten.

Kaivopuiston diplomaattikaupungin-osan ainoa kauppa sijaitsee pipar-kakkumaisen koreassa, vuonna 1883 rakennetussa puutalossa.

Den enda butiken i Brunnsparkens diplomatstadsdel finns i ett "pepparkakshus" från år 1883.

A pretty wooden building dating from 1883 houses the only shop in Kaivopuisto, the diplomatic area of Helsinki.

Das einzige Geschäft des Diplomatenviertels Kaivopuisto ist in einem schmucken Holzhaus im Pfefferkuchenstil, erbaut 1883.

Suomen marsalkka Mannerheimin asuintalo toimii hänen muistolleen omistettuna museona. Kavopuiston ranta on suosittu kävelytie. Merellisiä näköaloja voi ihailla viehättävässä ulkoilmakahvilassa.

Finlands marskalk Mannerheims bostad verkar numera som ett museum till hans minne. Brunnsparkstranden är ett populärt promenadstråk. Från ett charmigt friluftskafé kan man beundra vackra havsvyer.

The former home of the Finnish Marshal Mannerheim is now a museum dedicated to his memory. Strolling along the shore of Kaivopuisto or sitting in the charming open-air café admiring the seascape are both favourite pastimes of the Helsinki citizens.

Das Wohnhaus des Marschall Mannerheims von Finnland ist als Museum seinem Andenken geweiht. Beliebt ist die Uferpromenade von Kaivopuisto. Ein kleines reizendes Freiluftscafé lässt das Auge die Eigenart des Meeres geniessen.

EIRA

Eiran rannassa on merimiesten muistomerkki. Sen huipulla palaa ikuinen tuli.

Nere vid vattenbrynet i Eira reser sig sjömännes minnesmärke med den eviga lågan högst uppe.

A memorial to seamen, crowned by its eternal flame, stands on the Eira shore.

Am Ufer in Eina ist das Denkmal für die Seeleute. Auf seiner Spitze brennt ein ewiges Feuer.

Eiran kaupunginosan talot edustavat jugend-tyylin myöhäiskautta. Koristelu, tornit, parvekkeet ja ulokkeet käsittävät monta mielenkiintoista yksityiskohtaa.

Husen i Eira stadsdel representerar senare jugendstil. Olika utsirningar, torn, balkonger och utsprång på husen innefattar många intressanta detaljer.

The houses of the suburb of Eira, with their ornamentation, towers, balconies and other attractive embellishments represent the later period of the Jugend style.

Die Häuser des Stadtteils Eira sind im späten Jugendstil erbaut. Verzierungen, Türmchen, Balkone und Erker bieten viele interessante Einzelheiten.

TÄHTITORNINMÄKI

Tähtitorninmäki on saanut nimensä Helsingin yliopiston tähtitieteellisen laitoksen observatoriosta, joka rakennettiin vuonna 1832 C. L. Engelin piirustusten mukaan. Mäen laella on Helsingin kaupungin virallinen lipputanko. Haaksirikkoiset niminen patsas on Robert Stigellin veistämä.

Observatorieberget har fått sitt namn efter Helsingfors universitets astronomiska institutions observatorium, som byggdes år 1832 enligt C. L. Engels ritningar. Högst uppe på berget höjer sig Helsingfors stads officiella flaggstång. Statyn ''De Skeppsbrutna'' har huggits av Robert Stigell.

Observatory Hill owes its name to the observatory designed by C. L. Engel which was built in 1832 for the astronomy department of Helsinki University. The officiel flag-staff of the city of Helsinki is situated near the hill. The Shipwrecked'' is the work of the sculptor Robert Stigell.

Der Observatoriumsberg verdankt seinen Namen dem Observatorium des Institutes für Astronomie der Universität Helsinki, erbaut 1832 nach Zeichnungen von C. L. Engel. Auf der Kuppe des Berges ist der offizielle Flaggenmast der Stadt Helsinki. Das Denkmal der Schiffbrüchigen ist ein Werk Robert Stigells.

ESPLANADI

Esplanadi perustettiin puistokaduksi jo 1810-luvulla. Se jakaantuu kolmeen osaan. Lähinnä kauppatoria on Kappeliesplanadi siellä toimivan ravintolan mukaan. Keskimmäinen osa on nimeltään Runebergin esplanadi kansallisrunoilijan ja hänelle pystytetyn patsaan kunniaksi. Läntisin osa puistoa on nimitetty Teatteriesplanadiksi.

Esplanaden gjordes till parkgata redan på 1810-talet. Den är uppdelad i tre delar. Delen närmast Salutorget kallas Kapellesplanaden enligt restaurangen, som verkar där. Den mellersta delen, Runebergsesplanaden har fått sitt namn efter nationalskalden och hans staty, som rests till hans minne. Den västra delen av parken kallas Teateresplanaden.

As early as 1810 the Esplanade was an estblished boulevard. Next to the market square is the Chapel Esplanade with its restaurant. The central section is known as Runeberg's Esplanade in honour of the national poet of that name and the statue erected to him. The western part of the park is called the Theatre Esplanade.

Als Parkstrasse entstand die Esplanade bereits im zweiten Jahrzehnt des vorigen Jahrhunderts. Sie ist dreiteilig: am Marktplatz die Esplanade der Kapelle, nach dem Restaurant dieses Namens, anschliessend in der Mitte die Runebergsesplanade nach dem Nationaldichter, dessen Denkmal dort steht und danach der westliche Abschnitt, die Theateresplanade.

Helsingin juhlaviikkojen aikana Esplanadilla esittäytyy nykyinen suomalainen kuvanveistotaide. Näin on mahdollisuus tehdä mielenkiintoisia vertailuja eri vuosisatojen taidekäsityksistä.

Under Helsingfors festveckor presenteras modern finsk bildhuggarkonst på Esplanaden. Då kan man göra intressanta jämförelser mellan olika konstriktningar genom årsundradena.

Modern Finnish sculpture is exhibited in the Esplanade during the Helsinki Festival. Fascinating comparisons can then be made between the artistic ideas of different centuries.

Während der Festspielwochen von Helsinki werden auf der Esplanade Werke heutiger finnischer Bildhauer zur Ausstellung gebracht. Kunstauffassungen verschiedener Jahrhunderte regen zu interessanten Vergleichen an.

VANHA HAUTAUSMAA

Hietaniemen vehmas hautausmaa on kiireisen kaupungin tunnelmallinen kalmisto. Suomen presidenteistä on tänne haudattu Ryti ja Paasikivi sekä Mannerheim, jonka lepopaikka on sijoitettu hänen vuosien 1939—40 ja 1941—45 sodissa komentamiensa armeijoiden sankarivainajien keskellä.

Sanduddens lummiga begravningsplats är en stämningsfull kyrkogård i den jäktiga staden. Av. Finlands presidenter har Ryti och Paasikivi begravts här. Även Mannerheim har fått sin sista viloplats bland sina krigshjältar, som stupade under krigen 1939—1940 och 1941—1945.

The devout atmosphere of the graveyard is to be found in the centre of a busy city in the verdant cemetery of Hietaniemi. Three Finnish presidents are buried here, Ryti, Paasikivi and Mannerheim who lies in the midst of the fallen bead of the armies he commanded during the wars of 1939—40 and 1941—45.

Der grüne Friedhof von Hietaniemi bildet eine stimmungsvolle Ruhestätte in der gehetzten Stadt. Von den Präsidenten Finnlands haben hier Ryti, Paasikivi und Mannerheim ihre Ruhestätte gefunden. Mannerheim liegt auf dem Heldenfriedhof der Kriege 1939—40 und 1941—45 mit den Gefallenen der Armeen, die er befehligte.

TARVASPÄÄ

Helsingin läntisessä naapurikaupungissa Espoossa kohoaa ylväänä Akseli Gallen-Kallelan taiteilijakoti Tarvaspää, joka valmistui vuonna 1913. Linnamaisen ateljee-rakennuksen puistossa on kesäisen espoolaisten taiteilijoiden näyttelyjä.

I Esbo, Helsingfors västra grannstad, reser sig Akseli Gallen-Kallelas ståtliga artisthem Tarvaspää, som blev färdigt år 1913. I den slottsliknande ateljébyggnadens park visar konstnärerna i Esbo upp sina alster om somrarna.

To the west of Helsinki, in the neighbouring town of Espoo, rises the noble building of Tarvaspää, the former home of the artist Akseli Gallen-Kallela, which was built in 1913. During the summer the works of Espoo artists are exhibited in the grounds of the crenellated atelier building.

In der westlich benachbarten Stadt Espoo erhebt sich mächtig das Künstlerheim Tarvaspää des Künstlers Akseli Gallen-Kallela, fertiggestellt 1913. Im Park, der das im Burgstil erbaute Ateliergebäude umgibt, stellen im Sommer Künstler der Stadt Espoo ihre Werke aus.